調べよう！
わたしたちのまちの施設

防災センター

東京都杉並区天沼小学校教諭 **新宅直人** 指導

7

小峰書店

もくじ

1 防災センターってどんなところ？

2 防災センターに行ってみよう

＊この本に出てくる防災センターとは、消防法で駅やビルなどの施設への設置が決められている防災センターではなく、防災について学べる市民防災センターをさします。

防災センター 7

本のさいごに、見学のためのワークシートがあるよ！

やあ、ぼくはリュクたん。
みんなは、防災センターって
行ったことあるかな?
ぼくといっしょに、
防災センターについて
調べよう!

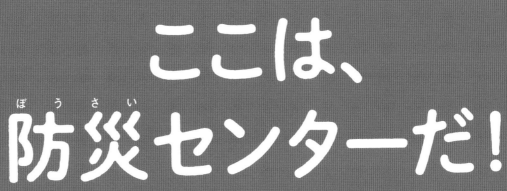

ここは、防災センターだ！

**防災センターは、どんなところでしょうか。
はたらく人は、どのような仕事をしているのでしょうか。**

神奈川県横浜市の横浜市民防災センターです。
2階から1階のふきぬけに、「横浜ハザードマ
ップ」があります。横浜市におこる地震や津波
などの災害による被害を、予想したものです。

防災センターのやくわり

防災センターは、災害のときにどうすればよいかを学ぶ施設です。また、多くの場合、災害にそなえて必要なものを用意し、人びとを助けられるようにしています。

住んでいるところでおこりやすい災害や、災害へのそなえについて学べるんだね。

①

災害を体験して、どのようにそなえたらよいかを学ぶ

地震などの災害を体験することで、災害ではどんなことがおこるか、おこったらどうすればよいかを学ぶ。

2

自分たちのまちで、
どんな災害が
おこりやすいかを
つたえる

場所によって、おこりやすい災害はちがう。まちの防災センターでは、これまでにおこった災害について、学ぶことができる。

3

災害にそなえる

災害のときにはたらくとくべつな消防車と、災害で活やくするとくべつな消防隊がいる。

防災センターは、災害のときに人びとがひなんする場所になる。そのため、たくさんの飲み物や食べ物などがいつもおいてある。

イベントや防災訓練をおこなって、市民に防災を考えてもらう。

防災センターのある場所

みんなの住むまちには、防災センターはあるでしょうか。ここでは、横浜市民防災センターがどんなところにあるのかを見てみましょう。

電車がどこを通っているかがよくわかる地図だね。みんなも住んでいるまちの地図で見てみよう！

地図帳でさがしてみよう

まずは、自分の住む都道府県が、日本のどのあたりにあるか、そして、市が、都道府県のどのあたりにあるか、地図帳でさがしてみましょう。

神奈川県横浜市の場合

日本　　神奈川県

**防災センターは
どんなところにあるかな？**

横浜市民防災センターは、横浜駅の近くにあります。たくさんの人を助けることを考えて、建てられています。あなたの住むまちの防災センターはどのような場所にあるか、調べてみましょう。

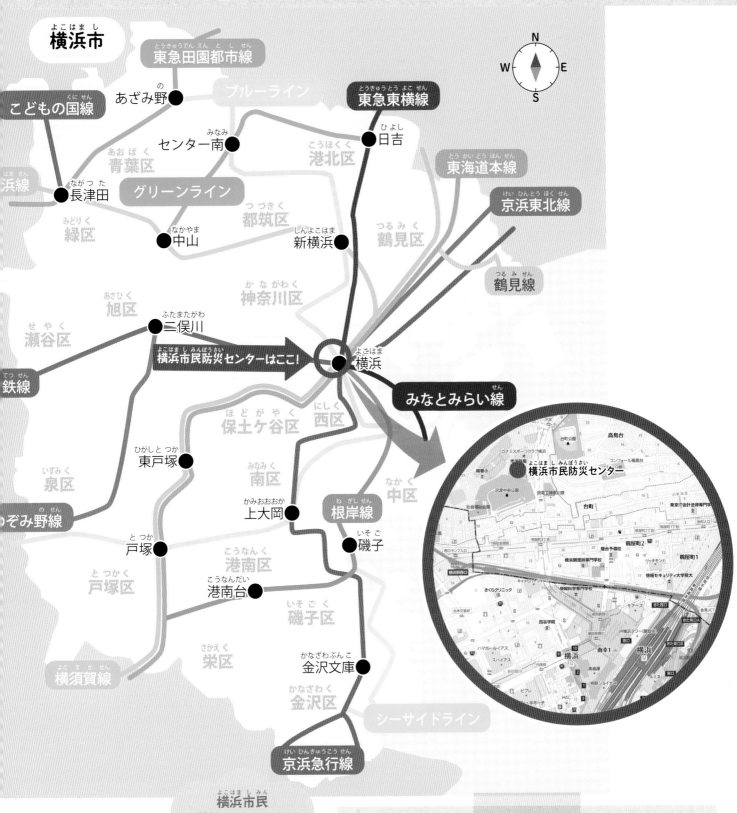

横浜市

東急田園都市線

ブルーライン

こどもの国線

あざみ野

東急東横線

センター南

日吉

東海道本線

京浜東北線

青葉区

港北区

浜線

長津田

グリーンライン

緑区

都筑区

中山

新横浜

鶴見区

鶴見線

神奈川区

旭区

二俣川

瀬谷区

横浜市民防災センターはここ!

横浜

鉄線

みなとみらい線

保土ケ谷区

西区

東戸塚

南区

中区

横浜市民防災センター

泉区

上大岡

根岸線

ぞみ野線

戸塚

磯子

港南区

港南台

磯子区

栄区

金沢文庫

横須賀線

金沢区

シーサイドライン

京浜急行線

横浜市民
防災センターは、
横浜駅に集まった
大ぜいの人を
助けることも
できるんだ。

横浜市民防災センターがある場所のとくちょう

★ 横浜駅から歩いていけるところにある。

★ 横浜駅には8つの線の電車が通っている。

★ 建物は高台の公園の中にある。

災害の歴史と防災センター

防災センターはいつごろつくられたのでしょうか？
横浜市民防災センターを例に、見てみましょう。

昔からある自然災害

日本は、地震や台風などの被害が多い国です。100年くらい前の1923年、関東地方を大きな地震がおそい、10万人をこえる人がなくなりました。60年くらい前には、伊勢湾台風とよばれる大き

な台風がきて、大きな被害を出しました。

この台風をきっかけに、「災害対策基本法」がつくられました。災害がおこったら、国や都道府県、市町村は、警報を出すことなどが決められました。

1923年におこった大きな地震（関東大震災）で、ななめにかたむいた横浜市役所の建物。地震のあとに火災がおき、広いはんいがやけた。

写真：とうよこ沿線

1959年の伊勢湾台風の被害にあい、トラックに乗ってにげる人たち。愛知県・三重県を中心に、こう水など多くの被害が出て、たくさんの人がなくなった。

年	1703			1859	1866

横浜市が被害を受けたおもな自然災害

● 関東地方で大きな地震（元禄地震）がおきる

300年前の元禄地震が横浜市を今ふたたびおそった場合の、ゆれの大きさを予想した地図。市全体に大きな被害が出ると考えられている。

港ができる前の横浜は、海べの小さな村だったんだ。元禄地震では、横浜でも山がくずれる被害があったとわかっているよ。

○ 横浜港ができる

● 横浜で大きな火事（慶応の大火）がおこる

40年前 防災センターができる

　市民に、災害ではどんなことがおこるか、災害にそなえて何をすればよいかを知ってもらうため、各地に防災センターがつくられました。横浜市民防災センターは1983年につくられました。

横浜市民防災センターは、災害について市民が学ぶための施設としてつくられた。

10年前 東日本大震災がおこる

　2011年3月、大きな地震が、東北地方から関東地方をおそいました。東日本大震災とよばれるこの地震では、大津波が発生して、たくさんの人がなくなりました。多くのまちでとても大きな被害が出たので、日本中で防災への取り組みが見直されました。

東日本大震災では、東北から関東地方にかけての海に近いまちが津波におそわれ、たくさんの家がこわれてしまった。

これからも、いつ災害がおこるかわからないから、災害について知ることが大切なんだね。

2015年
372万4844人

1872	1889	1899	1919	1923	1928	1958	1959	1961	1983	1995	2002	2011	2017	2019
○横浜駅（今の桜木町駅）ができる	○横浜市ができる	○横浜で大きな火（火）がおこる	○横浜で大きな火事（埋地大火）がおこる	●横浜駅が今の場所になる	●関東地方で大きな地震（関東大震災）がおこる	○狩野川台風がおそう	○伊勢湾台風がおそう	○災害対策基本法ができる	●横浜市民防災センターができる	○大きな地震（阪神・淡路大震災）がおこる	○横浜市の人口が350万人をこえる	●大きな地震（東日本大震災）がおこる	●横浜市民防災センターが新しくなる	○令和元年房総半島台風がおそう

1935年
70万4290人

よこはまし
横浜市の人口

進化してきた防災センター

いくつもの災害を経験し、まちの防災センターは、ますます
大きなやくわりをもつようになってきました。

40年前 できたころの防災センター

　横浜市民防災センターは、災害にそなえた特別
消防隊の活動場所として、40年前につくられま
した。また、防災について学べるように展示物も
おかれ、防災教育施設のやくわりがありました。
その後、地震や火災のけむりなども体験できるよ
うになりました。

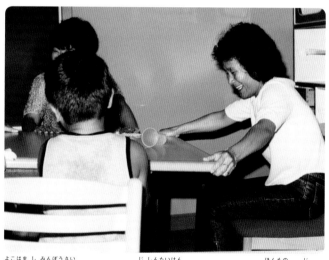

横浜市民防災センターで地震体験をする人たち。本物の地
震そっくりのゆれにおどろき、テーブルにつかまっている。

このころ、地震体験車も
できたんだね。みんなの
学校にも、来たことが
あるかな？

10年前 災害がおき、ひなん場所となる

　2011年の東日本大震災では、横浜のまちも強
くゆれました。横浜駅を通る電車が止まり、横浜
ではたらくたくさんの人たちが、家へ帰れなくな
りました。横浜市民防災センターの前の公園には
500人がひなんし、およそ250人が防災センター
が貸し出した毛布にくるまって夜をすごしました。

写真：朝日新聞社

東日本大震災のときの横浜駅のようす。
電車が動かず、家に帰れない人たちが、
駅で朝まですごした。

横浜市民防災センターの新しくなった災害シアター。
大画面の映像が、災害のおそろしさをつたえる。

今 防災センターが新しくなる

　横浜市民防災センターは、東日本大震災などで経験したことをいかして、2017年、新しくなってオープンしました。ここでの体験を通して、災害のとき命を守るためにどうしたらよいか、学べるようにくふうされています。

ますますにぎわう防災センター

　今、防災センターは、「楽しく学んでしっかりそなえる」という考えをもとに、活動しています。防災センターでは、多くの人に来てもらえるように、さまざまなイベントもおこなっています。市民にみぢかな楽しい場所として、防災の中心になっているのです。

横浜市民防災センターは、パソコンや携帯電話などで見られる情報をふやしている。防災体験をした利用者の声が広がり、多くの人がやってくる。

防災に関心をもってもらおうとつくられた、横浜市民防災センターのキャラクター「防センジャー」。子どもたちにも人気だ。

② 防災センターに行ってみよう

防災センターを調べよう!

まちの防災センターは、どんなところなのでしょうか?
横浜市民防災センターに行って、調べてみましょう。

ひなん場所の公園に建つセンター

がんじょうそうな
建物だね。
中はどうなって
いるのかな?

　横浜市民防災センターは、広い公園の中に建てられて
います。建物の前の広場は、災害がおきたときに人びと
がひなんする場所です。また、電車が止まったときに、
横浜駅からひなんしてくる人びとを受けいれます。

公園の入り口にある一時ひなん場所の案
内。

横浜の沢渡公園にある横浜市民防災セン
ター。2011年の東日本大震災のときは、
センターのあるこの公園も、ひなんして
きた人たちでいっぱいになった。

学び、体験する

防災センターは、自分たちのまちでどのような災害がおこるのか、また、災害がおこったときにどのように自分たちの身を守ったらよいのかを学ぶところです。そして、シミュレーターを使って、正しい行動のしかたを体験することができます。

どんな体験ができるのかな？ドキドキするね！

●1階の案内図

地震のゆれを体験する地震シミュレーター。

授乳室

受付

入り口

まちでおこる災害を大画面で見る災害シアター。

●2階の案内図

火災がおこったときに、何をするべきか体験できる火災シミュレーター。

自分の身を守るための練習をする、減災トレーニングルーム。

災害をふせいだり、どのようにそなえたりすればよいかを学べるライブラリー。

自分たちのまちでは、災害のときにどんな被害を受けるのかを知る、横浜ハザードマップ。

横浜市民防災センターの受付。利用者は、ここで「防災体験ツアー」や「体験プログラム」にもうしこむことができる。

まちでおこる災害を学ぶ

防災は、住んでいるまちでおこる災害の危険を知ることからはじまります。
防災センターには、そのためのくふうがたくさんあります。

住むまちの危険を知り、考える

　自分の住むまちに、どんな危険があるかを学びます。そして、いざというときに身を守るにはどうすればよいか、考えます。

●災害シアター

　大きな画面で、災害がおこるしくみや、自分のまちに災害がおきたらどうなるかを、まちの映像で見ることができます。自分のまちが大きな災害におそわれたらどうなるかを、実感できます。

③まちじゅうが火事になる。横浜市で大きな地震がおこったときのようすを想像してつくられた映像を見ることで、ほんとうに災害にあったかのような体験ができる。

①大きな画面に広がる横浜市のようす。海のそばに、ビルがたちならんでいる。

②大きな地震が発生。そのあと、けむりがたちのぼってきた。

●自分が住むまちについて学ぶ

自分のまちのハザードマップを見たことはありますか？　地震や津波などの災害がおこったときに、どの場所にどれくらいの被害が出るかを予想してしめした地図です。それを見ると、自分の住むまちにどんな被害が出るかを、知ることができます。

「ハザードマップ」は、どの市やまちでもつくっているよ。

1階から2階へつながるかべに、「横浜ハザードマップ」という大きな地図があり、災害のときに出る被害がわかる。

●パソコンで防災について学ぶ

防災について、いろいろなことを調べたり、学んだりする場所もあります。そなえつけられたパソコンでは、防災クイズにチャレンジできます。

親子で、防災クイズにチャレンジ！

考えよう！ 家でのそなえ

災害で電気や水道が止まると、トイレは使えなくなり、料理もできなくなります。家族がしばらくの間生きていけるだけの食料や水、ひなん所へ持っていく物などをそなえましょう。

水	非常食（チョコ・飴など）	携帯トイレ	ポリ袋（大、中、小各数枚ずつ）
新聞紙	革手袋	大判ハンカチ	ラップ
レインコート	救急セット	携帯ラジオ	ヘッドライト

防災センターですすめている非常持ち出し袋のなかみ。

自分の身を守る体験をする

防災センターでは、災害がおこったときのようすを体験することができます。自分の命を守るために、どんなくふうができるのでしょうか？

ほんとうに災害がおこったときあわてないように、いろいろ体験しておくんだね。

防災体験でこわさを知る

災害の映像を見たり、地震のゆれを体験したりして、災害のこわさを学びます。体験することで、災害がおこる前に、おこったときにどうするのかを考えておくことができます。災害のときに自分の命を守るための訓練をする施設もあります。

●地震シミュレーター

地震の大きさごとに、どのくらいゆれるのかを体験します。高層ビルや歩道など、立っている場所によるゆれのちがいも体験することができます。前の画面にそのときのようすがうつし出されて、ほんとうに地震にあったように感じることができる施設です。

あっ！たおれる！

歩道を歩いているときに地震がおこった。大きなゆれとともに、自動販売機がたおれかかってくる映像を体験。

●火災シミュレーター

火事がおきたときに、どうすればよいかを学びます。消火器を使っての消火体験や、けむりの中でのひなん訓練ができます。

消火!

台所で火事がおきたときに、消火器を使って消火する訓練。

けむりの中を、けむりをすわないようにひなんする体験。

●家での身の守り方を学ぶ

家にいるときに地震がおきたら、あるいは大雨がふって、こう水やがけくずれがおきたら、どうすればいいでしょうか。どんなふうに動けば安全に行動できるのか、正しい行動を学び、練習します。

本が落ちてきた!

本だなの本がぜんぶ部屋にちらばるほどの大きな地震がおこったとき、安全に行動できるのかを訓練する。

知ってる？
自助・共助・公助

自分で自分を助けることを「自助」といいます。自分で自分を守るという考えです。「共助」は、まわりの人とおたがいに共に助けあう、という意味です。自助や共助だけではできないことは、国や都道府県、市町村が助けます。これを「公助」といいます。

大きな災害がおこったときには、自助・共助・公助のすべてが必要になります。

災害で被害をへらす体験をする

災害がおきたあとに、被害をへらすためのくふうを体験します。災害のときにべんりなものをつくったり、道具の使い方を学んだりします。

広い訓練室は、ふだんは「防災カフェ」になっていて、まちの人たちが交代でお店を出す。子どもの遊び場もある。何回来ても、楽しめるように考えてある。

●ひなん所での生活を体験

ひなん所で生活するときに役立つことを体験します。ダンボールや新聞紙だけでも、体を寒さから守ったり、けがから身を守ったりすることができます。

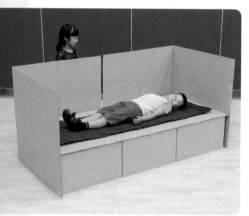

ダンボールベッドは高さがあり、ゆかからはなれているので、冬でもつめたくない。

新聞紙でスリッパをつくる。災害のときにはガラスのかけらなどが落ちているので、はきものをはいてひなんする。

●屋外での放水体験

火事を消すための放水体験をします。消火せんを開け、ホースをつなぎ、水を出す練習をします。

いきおいよく水が出るホースを、しっかりと持つ。

水のいきおいは、かなり強いよ。しっかりと足をふんばって、ホースをもつんだよ。

知ってる？ ハザードマップのつくりかた

横浜市民防災センターでは、横浜駅のまわりのハザードマップをつくる体験ができます。危険な場所と安全な場所が色分けされて、ひとめでわかります。

材料
・とう明のクリアファイル
・4色のペン
・下の1〜4のマップ

地域防災拠点　　　地域防災拠点

① ひなん所をしめすマップ。

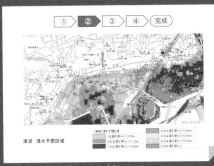

津波　浸水予想区域

② 津波の被害予想マップ。

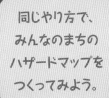

同じやり方で、みんなのまちのハザードマップをつくってみよう。

液状化危険度は低い
液状化する可能性がある
液状化危険度が高い

液状化危険度

③ 液状化*の危険度マップ。

震度5強
震度6弱
震度6強
震度7

想定震度

④ 地震のゆれの予想マップ。

手順1

とう明のクリアファイルに1のマップをはさむ。すけて見えているひなん所の場所を、青のペンでクリアファイルにぬる。

手順2

2のマップを1の上に重ねて、クリアファイルにはさむ。2のマップの色がすけて見える部分を、クリアファイルに赤いペンでぬる。同じように、3と4のマップを順番に重ね、ペンの色を変えてぬる。

横浜駅周辺 ハザードマップ作成

地域防災拠点
津波 浸水予想区域
想定液状化危険度
想定震度

完成！

安全な場所が青色、危険な場所が赤・黄・緑などの3色でぬられたクリアファイル。安全な場所と危険な場所がひとめでわかるマップが完成！

*「液状化」は、地震のゆれで地盤（建物をささえる地面）がくずれ、水や砂がふき出すこと。液状化すると、建物がたおれる危険がある。

防災体験を案内する係

防災体験の案内をする係に、話を聞きました。どんな仕事をしているのでしょうか？

防災体験って、いったい何のためにするのかな？

防災体験は「楽しい」からはじめる

わたしは、防災体験に参加する子どもたちに、防災体験のやり方と学び方を案内しています。「防災」というと、むずかしく聞こえるかもしれませんが、ここでは地震体験などの施設を楽しんでもらうよう心がけています。防災体験を「楽しい」と感じることからはじめてほしいのです。

楽しむところはしっかり楽しみ、学ぶところはしっかりと学んでもらいます。どちらも大事です。

ほんとうの災害を想像してもらう

防災体験を楽しんだあとに、「災害がほんとうにおこったらどうするかな？」と、みなさんに声をかけます。たとえば、「おふろに入っているときに地震がおきたらどうする？」と、聞いてみるんです。そうすれば、子どもたちみんなが、じっさいにおこったらどうするかを考えてくれます。

減災トレーニングルームの映像を見ながら、つぎに何をすればよいかや、注意することについて話をします。

ふだんの生活でも防災体験

　たとえば、家でキャンプをします。そうすれば、水道や電気を使えないときにどうすればよいかを体験できます。これは、災害のためのトレーニングにもなります。災害では不便なことや、たいへんことがいろいろおこりますが、ふだんから体験しておけば、いざというときにもあわてません。

1まいの新聞紙をこうやってかぶれば、上から落ちてくるガラスのかけらなどから、頭を守ることができます。新聞紙はべんりですよ。

何度でも防災体験をしてもらう

　防災センターには、1回だけでなく何回も来てほしいと思っています。この近所に住んでいる小学生たちは何度も来てくれるので、消火器の使い方も減災トレーニングルームでの動き方も、かんぺきです。災害はいつおこるかわかりませんが、くり返し防災体験をしておけば、ほんとうに災害がおこったとき、自然に体が動くようになります。

ふだんから、災害のときのための準備をしていますか？　おうちの人と話してみましょう。

？ 言葉のわからない外国の人には、どのように案内するの？

　防災センターでは、外国の人にも来てもらえるように、4つの国の言葉で説明が書かれた施設があるほか、翻訳機も使いながら案内できるようにしています。言葉がわからない外国の人はひなんがおくれやすいので、市が出す情報の受けとり方も、学んでほしいです。

外国の人が体験にやってきた。翻訳機を使って、減災トレーニングルームの説明をする。

？ 「共助」は、どうすればよいの？

　災害では、まず自分の命を守ることが大切です。けれど、自分ひとりではにげられない人もいます。だから、自分が助かったあと、だれかに力をかす「共助」が大切なのです。お年よりを安全な場所まで案内することは、みなさんにもできますね。

お年よりの役の人は、目かくしやおもりを身につけ、動きにくさを体験する。案内役は、みちびき方を練習する。

災害にそなえて準備する

防災センターは、市民の命やくらしを守るために必要なものをそなえています。
ひなんしてきた人が必要なものを予想して、準備しています。

3階は、ひなんしてきた人のための備蓄倉庫になっている。

いざというときのそなえ

　災害がおきて電車やバスが止まってしまうと、たくさんの人が自宅へ帰ることができなくなります。横浜市民防災センターは、ひなんしてきた人が一晩をすごすことができる施設になっています。また、となりの公園や周辺のひなん場所などにも、人びとがひなんしてきます。それらの人のための食料や水なども、そなえています。

防災センターには水や食料などがそなえてあるよ。

●備蓄品3点セット

　ひなん所ですごす人にとって、必要なものは「水」「食料」「トイレ」の3つです。災害のときにはトイレが使えなくなってしまうこともあるので、そうした準備も考えられています。

水と、食べ物。

水がないときに使える、トイレの材料。

とくべつな災害にそなえる

大きな災害がおこったときに、危険なガスなどが出ることがあります。
そのような場合に対応するため、とくべつな消防隊がおかれています。

機動特殊災害対応隊の隊員たち。

機動特殊災害対応隊

　大きな災害では、危険なガスなどが出ることもあります。そんなときに住民を助けることができるように、横浜市民防災センターには、機動特殊災害対応隊（スーパーレンジャー）がひかえています。ふつうの消防隊では行くことができない危険な場所へも、とくべつな装備や道具を使って入ることができます。

知ってる？ 消防音楽隊で、楽しく防災する

　横浜市民防災センターでは、横浜市消防局の消防音楽隊が活動しています。ふだんはセンターで練習し、市内のさまざまな祭りやパレードに参加して防災をよびかけ、「消防活動に参加しよう」と市民をさそいます。中学校へ出かけて、吹奏楽部に楽器を教えたりもしています。

イベントを企画する係

防災センターでは、いろいろなイベントを開いています。イベントを開く係の人に、仕事について話を聞きました。

防災センターで「ハロウィン」のイベントをするんだって！どんなイベントなんだろう。

防災のヒントを持ち帰ってほしい

防災センターでは、ハロウィンやダンスなどのイベントを開いています。防災はむずかしいと思っている人でも、こうしたイベントなら興味をもって来てくれます。「楽しかった」と言ってもらえるだけでもうれしいのですが、防災のヒントもひとつ、持ち帰ってほしいと思っています。

ハロウィンのイベントで配るおかし。おかしも災害にそなえた食料になると、知ってもらう。

ハロウィンの衣装を親子でつくる。ごみぶくろも、風よけやレインコートにできる。

遊びの中で防災を学ぶ取り組み

親子で参加するリズム教室では、音楽に合わせておどり、音が鳴ったら頭を守る遊びをします。これは、地震のときに落ちてくるものから頭を守る練習になります。遊びながら防災を学んでもらって、家族みんなで防災のことを考えるきっかけになれば、うれしいです。

「じじょっこ音ひろば」では、楽器のリズムや紙しばいで防災を学ぶ。じじょっこは、自分の身は自分で守る「自助」という言葉からつけられた。

横浜市民防災センター
YOKOHAMA DISASTER RISK REDUCTION LEARNING CENTER

センター所長

横浜市民防災センターの所長に、話を聞きました。どんな仕事をしているのでしょうか？

防災センターは「公助」の場所

防災センターは、災害のときに市民を助ける「公助」の施設です。防災センターを市民の役に立つ、魅力のある施設にするために、展示室の係やツアー案内係、音楽隊など、いろいろな係の人たちが仕事をしています。こうした人たちの思いをまとめあげ、形にしていくことが、わたしの仕事です。

「自助」と「共助」を身につけよう

防災のいちばんの目的は、自分の命を守ることです。しかし災害のときには、自分で自分の命を守る「自助」だけでなく、おたがいを助けあう「共助」も大切です。学校やクラスごとで多くの子どもたちに来てもらい、「自助」と「共助」を学んでほしいです。

みなさんがやってくるのを待つのではなく、防災センターの楽しさをつたえるのが仕事です。

毎年、10万人をこえる人が防災センターをおとずれる。それでも、防災センターを知らない横浜市民がたくさんいるので、もっと知ってもらうためにくふうをしている。

ワンステップアップ！
日本でおこる自然災害

日本は、世界の中でも災害の多い国です。
どんな災害がおこるのでしょうか。

熊本地震では、熊本城も被害にあった。

地震災害

日本では地震がよくおこります。地震に強いまちをつくってきましたが、大きな地震がおこると、建物や道路、橋がこわれたり、火事がおきたりして、大きな被害が出ます。

みんなの住むまちでは、これまでにどんな災害がおこっているかな？

津波災害

地震で海底がゆりうごかされることによって、津波がおこります。日本ではなく、遠い外国でおこった地震でも、津波が日本にまでとどくこともあります。

東日本大震災でおこった大津波のあと。津波はまちをあっというまにのみこみ、多くの人の命をうばった。

風水害

台風や大雨による水害があります。それまで考えられていたよりも多くの雨がふって、川の水があふれ、被害がおこっています。

川の堤防がこわれて水があふれだし、まちが水につかってしまった。

大雨によって土が流れてしまい、道路がこわれてしまった。

雪害

たくさんの雪がふって、つもった雪の重さで、建物などがつぶれたり、道路や鉄道が動かなくなったりします。

建物の屋根に高くつもった雪。

火山災害

日本は、火山がとても多い国です。噴火がおこると、火砕流や、火山灰による被害などがおこります。

2014年、長野県と岐阜県のさかいにある御嶽山が噴火した。このとき、噴火でふき出した石がふってきたため、山を登っていた人など50人ほどがなくなった。

まちの防災を見てみよう

ひなんする場所をさがそう！

それぞれの市や町では、大きな地震などの災害がおこったときにひなんするための場所を、決めています。どんなところにあるのでしょうか。

まちごとに、ひなん場所が決められているよ。みんなのまちには、どんなひなん場所案内があるかな？

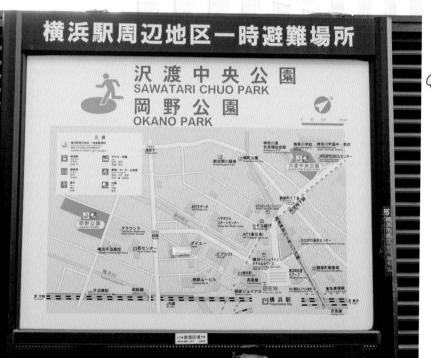

横浜駅のまわりに立っているひなん場所をしめすかん板。いざというときにはこの地図を見て、ひなん場所をめざして歩く。

まちに見られるひなん場所案内

　まちでは、ひなん場所をしめす緑色のマークが見られます。これは、地震や大きな火事などで危険がせまったときに、人びとがひとまずひなんする場所をしめしています。広い公園や広い校庭のある学校などが、ひなん場所になっています。

道に立てられている、ひなん場所の案内。

津波からひなんするための
高い場所。わかりやすい案
内板も立っている。

そのほかのひなん場所案内

　ひなん場所は、公園ばかりではありません。こう水や津波からにげるための場所は、水がこない高いところにつくってあります。とくに2011年におこった東日本大震災後、高くて遠くからもわかりやすい場所に、見られるようになりました。

知ってる？ 光る案内シート

　津波は、昼も夜も関係なく、いつやってくるかわかりません。夜の暗いなかでは、ひなん場所の案内が見えません。神奈川県逗子市では、夜でも光って見える案内を道路にはりつけ、ひなんしやすくしています。

これなら、夜も安心だね！

東日本大震災のあと、逗子市は、津波からのひなん場所案内をつくりなおした。暗い道でも見えるように、光るシートが道路にはられている。

写真：神奈川新聞社

ひなん所を調べよう！

災害時に人びとが生活できる場所を、「ひなん所」とよびます。

ひなん所のやくわり

多くの市町村では、市内の小・中・高等学校がひなん所になっています。ここには、災害のとき、自分の家にいるのが危険な人がひなんします。みんながここで食べたり、ねたりできるように、そなえがしてあります。横浜市中区にある市立みなと総合高等学校を例に、見てみましょう。

人びとがひなん生活をおくる、体育館。何百人もの人が入ることができる広さだ。

この学校の体育館はとっても広いね！ みんなの小学校の体育館は、どうかな？

●備蓄品を入れた倉庫

学校の校舎のうらに、食べ物や水などの備蓄品が入れてある倉庫があります。横浜市では、中に入れておくものは市が決めています。保管している食べ物が古くならないように、市が管理しています。

防災備蓄庫。2000食分の食べ物がそなえてある。

備蓄庫の中には、乾パン・水、かんづめなどの食料と、ご飯をたくかまのほか、のこぎりやエンジンカッターなど、人を救助するための道具もある。

●トイレのくふう

ひなん所ではかならず、災害用トイレをつくることができるようにしてあります。地震でこわれるなど、建物の中のトイレが使えなくなった場合にそなえています。

このひなん所では、備蓄庫の前にマンホールがならんでいる。それぞれの穴の上に、災害用トイレを建てることができる。穴は地下の下水道管につながっている。

災害用トイレを組み立てるところ。横浜市では、トイレに学校のプールの水を使うことができるしくみがある。

マンホールのふたには「災害用」「トイレ」とかいてある。

●水を手に入れるためのくふう

水道が止まったときにそなえて、水を手に入れるためのくふうがあります。横浜市では、地震でもやぶれない、強い水道管を使った給水せん（じゃ口）の用意を進めています。地下に給水タンクをうめてあるひなん所もあります。このタンクがあれば、水道が止まっても安心です。

横浜市で、災害がおきたときに水を手に入れられる場所のめじるし。

みんなのまちの
ひなん所では、
トイレや水のそなえは
どうなっているかな？

大きな地震がおきてもこわれないように、強い水道管を使った水飲み場。災害のときここにくれば、水を手に入れることができる。

横浜市危機管理センター

Crisis Management Center, Yokohama City

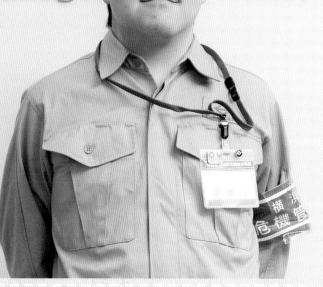

みんなのまちの防災は、
どんな人たちが計画を
つくっているのかな?

市の危機管理室ではたらく人

横浜市の市役所には、危機管理センターがあります。センターの中
の危機管理室ではたらく人に、仕事について話を聞きました。

市民の命と安全を守るために準備する

　わたしたちは、さまざまな危険から横浜市民の命を
守る仕事をしています。横浜市は山も海もあり、地
震、津波、土砂くずれなど、いろいろな自然災害がお
こります。そのため、市の防災の計画を立てて、災害
への準備をしています。

　これまでにおこった災害を学び、どの場所がどんな
被害を受けるのかを予想してハザードマップをつくる
のも、わたしたちの仕事です。つくったハザードマッ
プを住んでいる人たちに配って、危険をつたえています。

横浜市の、津波の被害を予想したハザードマップ。青い
部分と赤い部分が、津波におそわれると予想される場所。
ハザードマップは、地震、津波など、災害ごとにつくる。

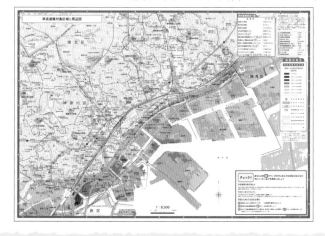

みんなで協力して災害にそなえる

大きな災害のときには、消防や警察、自衛隊など、いろいろな仕事をしている人たちと協力して市民を守ります。危機管理室が中心となり、これらの人たちを一年に2回集めて、災害がおこったらどのタイミングで何をするのかをたしかめる訓練をします。

横浜市で一年に2回おこなう訓練のようす。消防や警察、自衛隊など、さまざまな人が話しあう。医師や看護師など、医療の仕事をする人も参加している。

市民が運営するひなん所

横浜市では地いきごとに、防災の中心になるひなん所を学校などにつくっています。災害がおこってひなん所が必要になったときには、住民が自分たちでひなん所を開き、運営します。

わたしたちはみなさんに、ひなん所の運営のしかたなどを防災研修会でつたえます。災害のときにどうしたらよいか、日ごろからみなさんといっしょに考えています。

みなさんの「自助」と「共助」を助けるのが、わたしたちのやくめです。

？ ほかの市やまちを助けることはあるの？

大きな災害のときは、全国の市町村が助けあいます。熊本地震のときにも、全国から、支援するための物が送られました。今は国が助けあう市町村を決めていて、どちらかに災害の被害がおこったら、たがいに協力します。

熊本地震のときに、支援するための物を送る作業をする横浜市危機管理室の人たち。

？ 災害のとき、ペットはひなんできるの？

ペットもいっしょにひなんできるように、ひなん訓練をしている市町村があります。ひなん所には、動物がにがてな人もいるので、ペットは、ひなん所の外の雨風があたらない屋根の下などですごすことが多いです。

横浜市の総合訓練でおこなわれた、ペットのひなん訓練。飼い主は、ペットが日ごろから、せまいケージでもおちついてすごせるようにしておくことが大切だ。

まちの人たちと防災・減災

災害がおこったら、ひとりひとりが自分で考えて動くことが必要です。市民が協力しあって被害をへらすための取り組みが、広がっています。

> 災害がおこったときに、できるだけ被害をへらせるようにする「減災」も大切なんだ。

自分たちのまちは自分たちで守る

　災害がおこったら、近所の人どうしで助けあいます。にげおくれた人を助けたり、消火活動をしたりすることもあります。そして、自分たちでひなん所を開き、運営をしなければなりません。
　まちの人たちは、災害の本番にそなえて防災組織をつくっています。「自分たちのまちは自分たちで守る」という気持ちで準備をし、防災訓練もおこないます。

ひなん所になっている中学校で、けが人をたんかで運ぶ練習をする。中学生も防災訓練で活やくする。

まちの防災訓練は、「自分たちのまちにはどんな危険があるの？」とハザードマップをみんなでたしかめることからスタートする。

『ヨコハマの「減災」アイデア集』。住民による減災のくふうが、しょうかいされている。マンションなどに住む人たちの減災のくふうもある。

「防災のリーダー」をめざす

　まちの防災組織は、訓練のときにも災害の本番でも、それぞれがやくわりをもって動きます。そのためには、中心になって動く人が必要です。市や町では、防災のリーダーをめざす住民をささえる取り組みをおこなっています。

　防災のリーダーは、消火器やエンジンカッターなど、災害のときに役立つ道具を使いこなせなければならない。危機管理室の人の指導で、訓練をする。

知ってる？ ボランティアの受け入れも練習が必要！

　大きな被害が出ると、全国から、助けたいという思いをもった人が来てくれます。そうしたボランティアの受付にも、準備が必要です。横浜市の鶴見区では、災害のときには「災害ボランティアセンター」を開きます。立ち上げと運営の練習を、区役所でおこないました。

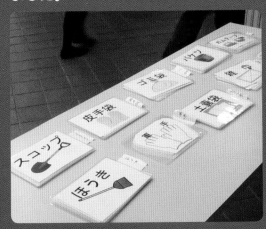

　ボランティア役の人たちが、受付でボランティア登録をするところ。ボランティアをたのみたい住民役の人も、申しこみの練習をする。

　ボランティアの作業に必要な道具をカードにあらわしたもの。訓練では、これらを本物の道具のかわりにして、倉庫からの貸し出しのときに必要になる手続きや作業をたしかめている。

さくいん

防災センターを見学しよう！

年	組	番

名　前

✏️▶ 防災センターには、どんなコーナーがあって、どんなことがしょうかいされているかな？　気になったところについて、書いてみましょう。

＿＿＿＿＿＿＿＿＿のコーナー	
＿＿＿＿＿＿＿＿＿のコーナー	
＿＿＿＿＿＿＿＿＿のコーナー	

✏️▶ どの係の人にお話を聞いたかな？

＿＿＿＿＿＿＿＿係　＿＿＿＿＿＿＿さん

✏️▶ 見学して、気づいたことやぎもんに思ったことを書こう。

| 指導 | 新宅直人（東京都杉並区立天沼小学校教諭） |

装丁・本文デザイン	倉科明敏（T.デザイン室）
企画・編集	渡部のり子・増田秀彰（小峰書店）
	常松心平・鬼塚夏海・飯沼基子（オフィス303）
写真	平井伸造
キャラクターイラスト	すがのやすのり
取材協力	横浜市民防災センター、横浜市危機管理室
地図協力	株式会社ONE COMPATH、インクリメントP株式会社
写真協力	横浜市民防災センター、株式会社ニード、国立公文書館、PIXTA

調べよう！わたしたちのまちの施設 ⑦
防災センター

2020年4月7日　第1刷発行

発　行　者　　小峰広一郎
発　行　所　　株式会社小峰書店
　　　　　　　〒162-0066 東京都新宿区市谷台町4-15
　　　　　　　TEL 03-3357-3521　FAX 03-3357-1027
　　　　　　　https://www.komineshoten.co.jp/
印刷・製本　　図書印刷株式会社